Lao Tse (siglo VI a. C.) fue un filósofo y poeta de la antigua China, fundador del taoísmo filosófico. Según la leyenda, nació en el reino de Chu, en la actual provincia de Henan, y fue bibliotecario de la corte de la dinastía Zhou. Se le atribuye la autoría del *Tao Te Ching*, un tratado filosófico que es la obra literaria más traducida del chino y que ha tenido y tiene una enorme influencia en el pensamiento y la cultura oriental. El libro es una antología de antiguas enseñanzas versificadas, que según la tradición escribió antes de abandonar China y dirigirse hacia Occidente. Este hecho hizo que, con posterioridad, cuando se introdujo el budismo en China a través de la Ruta de la Seda, algunos lo identificaran erróneamente con Buda. A partir de finales de la dinastía Han, el taoísmo religioso convirtió a Lao Tse en una de sus divinidades principales.

David Sevillano López (Madrid, 1979) es profesor del Área de Asia Oriental en la Universidad Complutense de Madrid. Sus investigaciones se han centrado en el reinado de la emperatriz china Wǔ Zétiān, en la epigrafía china y en el papel que desempeñó la Ruta de la Seda en la Antigüedad; entre sus publicaciones destacan «La concepción del poder imperial en los poemas de la emperatriz Wǔ Zétiān» o la traducción de *El arte de la guerra*, de Sun Tzu, en esta misma editorial.

LAO TSE

El libro del Tao

Introducción de
DAVID SEVILLANO LÓPEZ

Traducción de
ALEJANDRO BÁRCENAS

PENGUIN CLÁSICOS

Papel certificado por el Forest Stewardship Council®

Título original: 道德經

Primera edición: abril de 2026

PENGUIN, el logo de Penguin y la imagen comercial asociada son marcas registradas
de Penguin Books Limited y se utilizan bajo licencia.

Printed in Spain – Impreso en España

ISBN: 978-84-9105-790-1
Depósito legal: B-2.538-2026

Compuesto en M. I. Maquetación, S. L.
Impreso en Liberdúplex
Sant Llorenç d'Hortons (Barcelona)

PG 5 7 9 0 1

Índice

Introducción

En primer lugar, cabe preguntarse qué es el *Tao Te Ching* (道德經; a partir de ahora *TTC*), un texto en chino clásico atribuido a Lao Tse que durante siglos ha trascendido por la densidad de su lenguaje y la aparente simplicidad de sus imágenes, capaces de albergar un sinfín de lecturas. Se le reconoce como un libro que entraría en lo que Umberto Eco llamó «obra abierta», compuesta por sentencias que admiten múltiples interpretaciones. Tal condición ha propiciado que, a lo largo del tiempo, hayan proliferado comentarios y traducciones que van desde intentos minuciosos de reproducir con la mayor fidelidad posible el sentido del texto original hasta recreaciones más libres y personales, en las que el traductor asume un papel equiparable al del autor de una nueva obra independiente. Así, el *TTC* se convierte en un terreno fértil para el debate sobre la tensión entre literalidad y creatividad en la transmisión de un texto.

Todas estas ediciones a las que aludimos, aunque diversas en estilo y en propósito, confirman que la obra no se agota en un único acercamiento, sino que se reactualiza en cada lengua y en cada época. Resulta evidente que esta pluralidad de voces no empobrece el legado de Lao Tse, sino que lo enriquece al multiplicar las perspectivas desde las que puede ser comprendido el *TTC*. Al fin y al cabo, cada traducción no es solo un traslado automático de palabras de una lengua a otra, sino también una lectura situada en un tiempo y en un contexto concretos. De este modo, el texto se mantiene vivo y en constante renovación. Una y otra vez, los lectores descubren en él matices distintos que iluminan nuevas perspectivas. Con ello, se revela como una obra en perpetuo diálogo con quienes lo estudian y se convierte no solo en un objeto de estudio filológico, sino también en una obra literaria y filosófica universal. Cierto es que esa pluralidad ha asegurado su vigencia a lo largo de la historia. Indudablemente, esa condición hace del *TTC* un caso único en la historia de la transmisión textual, pues combina la autoridad de un clásico con la plasticidad de una obra que parece siempre nueva. Obviamente, este carácter lo convierte en un puente entre culturas, religiones y filosofías, al tiempo que confirma su inagotable vigencia como un horizonte abierto de significados. No es extraño, pues, que su transmisión se haya multiplicado en tantas lenguas y estilos.

En suma, el *TTC* se ofrece como una obra universal, cuya vitalidad depende justamente de la pluralidad de sus interpretaciones. Su fuerza no reside en una visión única, sino en la incesante posibilidad de releerlo, de entenderlo.

Más allá de las diferencias, cada intento de traducción refleja un esfuerzo legítimo por captar su sentido último, aunque ninguna traducción lo agota, pues siempre queda algo por decir. Así, su lectura se abre al infinito. Lejos de debilitar su unidad como obra, esta pluralidad de versiones confirma la grandeza del *TTC* como obra universal. Aún hoy, después de más de dos milenios, sigue planteando preguntas que trascienden más allá de fronteras y lenguas, recordándonos que su sentido último permanece siempre fluyendo.

1. El *Tao Te Ching*

Sīmǎ Tan (司馬談, s. ii a. e. c.), padre del famoso historiador Sīmǎ
Qiān (司馬遷; c. 145-c. 86 a. e. c.), definió el taoísmo como la
búsqueda del hombre para alcanzar la armonía de cuerpo y espíritu, unirse con el Tao y con el cosmos entero (Sīmǎ Qiān, 1959,
130, p. 3289), y añadió: «Su esencia es fácil de practicar, pero sus
palabras son difíciles de conocer» (Sīmǎ Qiān, 1959, 130, p. 3292).
Pero, al mismo tiempo, expuso que posee un carácter marcada-
mente político:

> Sostienen que el gobernante de los hombres es el modelo de todo
> lo que hay debajo del cielo. El gobernante canta y los ministros
> armonizan, el gobernante precede y los ministros siguen. De esta
> manera, el gobernante trabaja y los ministros se sienten cómodos.
> Es la esencia del gran Tao abandonar la fuerza y el deseo y desa-
> probar la inteligencia, descartarlos y confiar en las técnicas. Aho-
> ra, el espíritu, si se usa mucho, se agotará; la forma [humana], si
> se trabaja mucho, se desgastará. La forma y el espíritu en agitación,
> pero deseando durar tanto como el cielo y la tierra: esto es inau-
> dito.* (Sīmǎ Qiān, 1959, 130, p. 3289).

* Esta explicación trataba de abarcar a la escuela taoísta, en la que el *TTC*
coexiste con otros textos. No incluye el taoísmo religioso, fundado por Zhang
Ling (張陵; 34—156 e. c.). Según las tradiciones hagiográficas posteriores, el
taoísmo religioso tiene como punto de partida el año 142 e. c., cuando Lao Tse
se apareció a Zhang Daoling en el monte Heming (鶴鳴山). Durante esta revelación divina, Lao Tse le dio un mensaje en el que le indicaba que el mundo estaba
en decadencia, y transmitió a Daoling una serie de enseñanzas que permitirían
poner fin a este periodo de decadencia e iniciar un periodo de Gran Paz (太平;
Taiping) (Puett, 2004, p. 1). Después de haber recibido esta revelación, Zhang
Daoling se convirtió en el primero de los Maestros Celestiales *Tianshidao* (天師道),
desarrollando una corriente de pensamiento que es en realidad una sistematiza-
ción de diferentes creencias, que comenzó a divulgar y que aparece sistematizada

La mayoría de los exégetas estiman que el *TTC* plantea muchos problemas. En primer lugar, es una obra en verso, lo que implica el uso deliberado de la omisión, pero también existe el debate sobre si se trata de una obra en el sentido propio, o, al contrario, de una antología de carácter heterogéneo. En cualquier caso, el texto se estructura en ochenta y un capítulos, subdivididos en dos secciones:

- Del 1 al 37 tratan sobre todo de la Vía (道; *tao*).
- Del 38 al 81, de la Virtud (德; *te*).

Las estrofas del *TTC* no ofrecen un pensamiento filosófico versificado, sino que el pensamiento procede de los mismos aforismos, metáforas, saltos de tema o comparaciones, de forma que así se trata de aprehender lo indecible (Cheng, 2002, p. 165). Esto ha llevado a I. Robinett a señalar que el texto debió de componerse con la intención de ser memorizado, tal y como se «hacía en ciertas sectas religiosas» (Cheng, 2002, p. 165). Al mismo tiempo, el texto evita cualquier tipo de referencia que posibilite su datación; de ahí el gran número de traducciones e interpretaciones posibles (Cheng, 2002, p. 165).

2. ¿Cómo interpretar el *Tao Te Ching*?

Al comienzo de este prólogo ya se ha indicado su carácter de «obra abierta», pero también se puede añadir el de «atemporal y univer-

---

en el *Xiang'er* (想爾). El *Xiang'er* es un comentario al *TTC*, que se atribuye a Zhang Lu (張魯), el nieto de Zhang Daoling. El texto conservado, que se encontró en Dunhuang (manuscrito S 6825), se corresponde con los comentarios a los capítulos del tres al treinta y siete del *Daode jing* (Puett, 2010, p. 229, nota 16; Terol, 2022, p. 137).

sal» (Terol, 2022, p. 135), lo que permite una interpretación múltiple, posiblemente tantas como lectores haya. Pero, a lo largo del tiempo, han destacado por su peso algunas en especial. Por cuestiones de espacio solo hablaré de tres grandes interpretaciones: la cosmogónica, la mística y la política. Existen otras posibles, pero no se abordarán en esta ocasión.

Estas interpretaciones pueden parecer contradictorias entre sí; no obstante, frente a una lectura centrada en una única interpretación, se pretende plantear una lectura abierta que permita entender el texto desde diferentes perspectivas, divergentes entre sí, pero al mismo tiempo complementarias. De esta forma, encontramos que distintos cantos del *TTC* pueden contener versos interpretables desde perspectivas opuestas.

2.1. La interpretación cosmogónica

Si se plantea el *TTC* como un texto mitológico, puede verse desde una perspectiva cosmogónica. Esto implica que algunos cantos pueden contener cierto tipo de explicación del origen y la formación del universo. Obviamente, no se debe tratar de encontrar una cosmogonía lineal y detallada como la que se encuentra en otras tradiciones. Esta interpretación plantea que la obra presenta un proceso abstracto, inevitable y recurrente que emana del Tao* (道), una realidad primordial indefinible por naturaleza (*TTC* 1; Terol, 2022, p. 138). En este sentido, Tetiana Danylova ha destacado recientemente que algunos textos del *TTC* encajan con esta interpretación (2024, p. 9004), los cuales se presentan de manera sintética a continuación.

---

* Es fundamental identificar el Tao con un «absoluto trascendental absoluto, inaccesible o limitado en exclusividad al místico solitario» (Terol, 2022, p. 138). Hay quien lo define como «un principio de orden: un orden de la Naturaleza y metafísico» (Preciado, 2011, p. 46).

Así pues, encontramos que se describe el Tao como un estado primordial e indiferenciado (混成) que existe antes del tiempo y del espacio (cielo y tierra), descrito como silencioso, ilimitado, eterno y autosuficiente. Ante todo, el Tao es la madre (母) de toda la existencia (*TTC* 25). Por lo tanto, se establece un proceso de generación fundamental de todo lo existente y que se convierte en modelo de emanación del universo a partir de la unidad: Tao → Cielo → Tierra → Todos los seres (Zhang Jing y Zhang Songhui, 2021, p. 7).

Junto a este texto también es posible encontrar otras referencias a este proceso de génesis en distintos cantos, como el número cuarenta y dos, que presenta una estructura más concreta, aunque todavía abstracta, del proceso de génesis del cosmos. De este modo, se presenta al Tao como el punto de partida, aquel que carece de existencia, pero que habría dado origen al «uno», o unidad primordial e indiferenciada, a menudo identificada con el *qi* (氣). De esta unidad primordial surgiría el «dos» o polarización de la unidad en las fuerzas opuestas pero complementarias conocidas como *yin* y *yang* (陰陽), identificables con los pares cielo/tierra, oscuridad/luz, femenino/masculino. La interacción armoniosa entre *yin* y *yang* genera una tercera fuerza, la «energía vacía» o *chong qi* (沖氣), que permite la armonía y la generación. Finalmente, del «tres» surgen «los diez mil seres» (萬物): todas las cosas concretas y diversas del universo, que son manifestaciones particulares de la interacción de *yin* y *yang* (*TTC* 42). Cada ser contiene ambas fuerzas en su interior.

El canto 1 puede ser interpretado desde diferentes perspectivas; sin embargo, si se adopta un planteamiento cosmogónico, pueden destacarse algunos aspectos. En primer lugar, el Tao es tanto «no-ser» (無) como «ser» (有). Como «no-ser», el Tao es el aspecto misterioso, vacío, no manifestado del Tao (*TTC* 1). Es el origen mismo del cosmos (cielo y tierra) y se corresponde con el estado anterior al «uno» (*TTC* 42). En tanto que el Tao es «ser» (nacido del no-ser, *TTC* 40), es el aspecto manifestado y la potencialidad del Tao que ya contiene las semillas de todas las cosas. Es la madre que da a luz a «los diez mil seres». Corresponde al «uno» y a lo que le sigue.

En los cantos 4 y 6, que son más breves, se indica que el Tao es vacío (虛), que está carente de sustancia sólida, pero que le permite generar y contener todo sin agotarse. Este hecho implica que se le identifique como la «misteriosa femenina» (玄牝), metáfora del órgano generativo del cosmos, que da a luz continuamente a la existencia de manera pasiva y receptiva, características del *yin*.

2.2. La interpretación mística

B. Schwartz concibió el *TTC* como la expresión escrita de un misticismo, entendiendo que el Tao, por cuanto es innombrable y eterno, se identifica con el no-ser:

> El Tao, en su aspecto de lo eterno inefable, es indeterminado y sin nombre. No se puede identificar con nada nombrable. Es el no ser (*wu*). Traduzco este término aquí con un término que se usa a menudo en los escritos occidentales sobre misticismo, ya que parece corresponder adecuadamente a su uso en la traducción de literatura mística en otras culturas. *Wu* es una realidad que no corresponde a ninguna entidad, relación o proceso finito determinado que pueda ser nombrado. Sin embargo, es eminentemente «real» y la fuente de toda la realidad (Schwartz, 1985, p. 198).

Así pues, el Tao sería «un principio de orden: un orden de la Naturaleza y metafísico [...] una evolución del primitivo Shangdi, de ese dios antropomorfo de los antiguos chinos, al que viene a sustituir en su papel de supremo rector de los cambios del universo» (Preciado, 2011, pp. 46-48; *TTC* 54).

Para poder justificar esta postura, Schwartz destaca una serie de textos que pueden leerse en este sentido (1985, p. 197), como la manifestación de una realidad primera y última (*Tao*) que es fuente y sentido de todas las cosas (omnipresente), inaccesible al lenguaje (misteriosa), pero con la que es posible una forma de unión (*TTC* 25). Del mismo modo, como sucede en otras tradiciones místicas que conciben una causa primera de todo lo existente, el Tao escapa al lenguaje (*TTC* 1). Sobre todo, la obra de Lao Tse recogería la idea de una comunión-unión con el Tao, en tanto que realidad fundamental, y que se expresa como un retorno a él (*TTC* 16).

2.3. Interpretaciones políticas: la sociedad ideal

Si se tienen en cuenta las fechas en las que surge el *TTC*, caracterizadas por los conflictos armados de los periodos de Primavera y Otoño y de los Reinos Combatientes, es lógico que se desarrollara una reflexión sobre un ideal social y de gobierno, al tiempo que se exponía, por medio de ellas, una crítica a las instituciones y príncipes reinantes.

Así pues, numerosos estudiosos y traductores creen que el *TTC* es un texto de naturaleza esencialmente política. Sin embargo, esta interpretación no es nueva, pues se remonta al legalista Han Fei (韩非; c. 280-233 a. e. c.). Este fue el primero en comentar el *TTC*, comentarios que aparecen en el *Han Feizi* 《韓非子》 en los capítulos veinte y veintiuno 《喻老》, en los que expuso el carácter político de ciertos pasajes del *TTC*.

El capítulo veinte, o *Explicación del Lao[zi]* 《解老》, es el

primer comentario existente sobre el *TTC* en la historia de China. Se trata de una exégesis directa y explicación racional de los pasajes del texto en el que se analizan algunos de los versículos clave del *TTC* (especialmente de los cantos 38, 46, 50, 53, 54, 58, 59, 60, 67) y los interpreta para fundamentar sus teorías legalistas sobre la ley, el poder del gobernante y las técnicas de control. Por su parte, el capítulo veintiuno, *Ilustrando al Lao[zi]* 《喻老》 emplea parábolas, historias y anécdotas para ilustrar los principios abstractos del *TTC*. De este modo, Han Fei llega a relatar más de veinte historias (históricas o legendarias) para ejemplificar conceptos taoístas como *wúwéi* (無為), lo sutil (微), o la previsión de lo pequeño (見小), entre otros, y les concede un sentido práctico y político.

En tiempos más recientes, autores como A. C. Graham (1989, p. 218) o I. Preciado Idoeta (1996, p. 255) han propuesto que el tema más importante tratado en el *TTC* es la supervivencia de un Estado pequeño y autosuficiente, en el que los hombres se conforman con poco y gozan de una vida sencilla (Tang Han, 2016, pp. 25-26; Zhang Jing y Zhang Songhui, 2021, p. 14), sin envidiarse los unos a los otros ni codiciar los bienes de sus vecinos (*TTC* 80).

Posiblemente, el canto 80 del *TTC* es el texto en el que de forma más clara se exponen estos principios de la sociedad ideal propuesta por Lao Tse. En él se describe un retorno a un pasado más remoto, a lo que se ha llamado «comuna clanal» (Preciado, 1996, xlvi-xlvii), carente de división social y de trabajo alguno, donde no hay necesidad de desplazarse, ni de intercambiar productos, ni de emplear armas (ya sea para la caza o para la conquista). Esto supone que la civilización no ha enturbiado la sencillez original (Preciado, 1996, p. 197). Esto lleva a la interpretación (influida por el marxismo) de que, al no existir ninguna forma de explotación, los hombres permanecen en un estado de felicidad y satisfacción (Preciado, 1996, p. 198).

Otros muchos pasajes del *TTC* pueden interpretarse como la nostalgia de una edad de oro en la que reinan la calma y la paz, en contraste con un mundo desangrado por constantes guerras y catástrofes provocadas por el desarrollo cultural y social (*TTC* 3). Esta situación podría ser el motivo de que, en algunos casos, este ideal roce el autoritarismo, con ideas que presentan a un gobernante ideal que vacía las mentes de sus súbditos y se limita a llenarles el estómago (*TTC* 3).

3. La subversión de los valores tradicionales

El *TTC* emergió en el contexto de la China de los Reinos Combatientes como un tratado de marcado carácter subversivo. Frente a otras corrientes filosóficas, que reivindicaban un orden basado en el rígido cumplimiento de una serie de ritos estrictos, en una moralidad jerarquizada o en el ejercicio directo del poder, Lao Tse propone un sistema fundamentado en la espontaneidad, en la no intervención y en la eficacia de lo aparentemente débil.

3.1. La no intervención

Junto a esta espontaneidad del Tao, el *TTC* presta atención al paso del «no-haber» (無有) al «haber» (有). Este no-haber es ilimitado en comparación con el haber, dado que lo creado es forzosamente limitado (*TTC* 40), y, al mismo tiempo, esta ausencia o vacío es significativamente eficiente (*TTC* 11).

De forma paralela al vacío, en el *TTC* aparece la noción de «no-intervención» o «no-acción» (無為), que es la facultad del Tao (y, por extensión, de la naturaleza) por la cual, sin querer intervenir o actuar, es infinitamente creadora (*TTC* 37). Extrapolada al discurso político, esta noción se entiende como la necesidad de no interferir en el curso espontáneo de las cosas, adaptándose a las circunstancias de cada momento, como el agua, elemento pasivo e inerte, y, sin embargo, capaz de provocar una gran devastación (*TTC* 78). El sabio taoísta (聖人) trata de imitar al Tao mismo, que genera «los diez mil seres» de forma espontánea (Tang Han, 2016, pp. 27-28). Por ello, su no-acción es una consecuencia natural de su alineación con el Tao, y su «no-actuar» surge del vacío interior y de la ausencia de todo deseo egoísta. El gobernante taoísta tratará de intervenir lo menos posible; para ello, crea un vacío que obliga al pueblo a autogestionarse de manera natural y espontánea (*TTC* 11, 48, 51). De modo que este gobernante influye en la población en tanto que es invisible (*TTC* 17, 57), como el viento sobre la hierba (*TTC* 66), lo que permite conservar el control sobre ella (*TTC* 57).

Esta no intervención política conlleva cierto cinismo, pues consiste en garantizar al pueblo un confort mínimo mientras se le mantiene en la ignorancia con el fin de controlarlo más fácilmente. Del mismo modo que «vaciar las mentes» puede ser el elogio de un modo de vivir, al mismo tiempo puede ser un método cínico de dominación: mantener en la ignorancia para reinar mejor (*TTC* 3). Resulta paradójico que un texto que aparentemente parece rechazar lo político, a causa de su ambigüedad, haya servido como fuente para el legalismo y su visión totalitaria del Estado.

3.2. La subversión del orden social

La sociedad descrita por el *TTC* es pequeña y autosuficiente; sus miembros se contentan con poco, viven sin envidias entre ellos y buscan un buen reparto de los recursos. Sin embargo, junto a estas ideas, pueden apreciarse algunas otras especialmente llamativas.

Así pues, encontramos un rechazo a la cultura-civilización y una defensa de la sencillez y la espontaneidad (自然), en la que la cultura es presentada como un obstáculo para el funcionamiento natural de las cosas y como una oposición a los valores confucianos (*TTC* 38). En esta línea, se propone acabar con el incipiente sistema meritocrático del momento, que es presentado como un factor de desequilibrio de la comunidad pequeña y de carácter primitivista (*TTC* 3 y 80).

Frente a otras corrientes filosóficas del momento, el *TTC* plantea que la cultura o la civilización son la fuente de todos los males; de ahí el deseo de regresar a una vida sencilla, regida por la espontaneidad natural. De esta forma, en el retorno al Tao se puede defender una unión mística, en tanto que el sujeto recuperaría la sencillez original de la naturaleza que le rodea (*TTC* 25).

Pese a ello, el *TTC* no parece cuestionar la necesidad de cierta jerarquía basada en el gobierno de un sabio, cuya intervención debe estar reducida al mínimo y orientada a permitir que las cosas funcionen con naturalidad. Esto supone que se rechazan las técnicas, las instituciones políticas y los ritos, porque se oponen a la sencillez y a la espontaneidad de la naturaleza, y son los causantes de necesidades y complicaciones (*TTC* 3).

Como consecuencia de todo ello, el estudio, la moral, incluso la inteligencia son condenados, pues se consideran obstáculos para la consecución de una espontaneidad natural (*TTC* 19), lo cual conlleva el rechazo de la conciencia y del intelecto, que efectúan separaciones, contraposiciones y jerarquías (*TTC* 2). En este sentido, el *TTC* muestra una fascinación por la naturaleza, entendida como un ente desprovisto de conciencia y voluntad, pero, al mismo tiempo, capaz de crear gracias a que actúa de forma espontánea (*TTC* 25, 34 y 51).

4. Lo femenino como prioridad

Dentro de este marco conceptual del *TTC*, uno de sus aspectos más revolucionarios es la reivindicación del principio femenino. Lejos de ser una mera mención simbólica, el texto presenta lo femenino no solo como algo relevante, sino como esencial y superior desde una perspectiva cosmogónica, estratégica y de gobierno, y constituye una postura que desafiaba los cimientos de la cultura patriarcal de su tiempo. El *TTC* no aboga por una equivalencia entre principios masculinos y femeninos, sino por una inversión radical de valores: presenta las características asociadas con lo femenino, tales como la receptividad, la suavidad, la compasión maternal (慈) y la capacidad de nutrir, como las cualidades esenciales del Tao, convirtiéndose así en el paradigma del poder más eficaz y transformador.

En el núcleo de esta concepción se encuentra la presentación de lo femenino como principio cosmológico originario. El elemento femenino es la matriz misma de la creación, el arquetipo a partir del cual se comprende la función del Tao, pues este se identifica como *xuán pìn* (玄牝), traducible como «misterio femenino» o incluso como «vulva profunda» (*TTC* 6). Lo femenino no es, desde esta perspectiva, un elemento derivado o secundario; es la raíz (根) primordial, ya que el Tao es la madre del Cielo y la Tierra*

---

* Para una interpretación del primer verso del primer poema del *TTC*, se plantea la posibilidad en función de una variante que aparece en el ejemplar de Guodian: (versión clásica) 有物混成; (Guodian) 有將混成, que podría traducirse como «el ser es el producto del caos» (muy similar a la traducción dada por Cheng 2002, p. 180, texto n.º 25). Desde esta lectura, el verso no estaría haciendo referencia al Tao como suele interpretarse, sino al ser como manifestación del Tao, muestra de que el Tao estaría más allá, en el caos silencioso que trasciende los esquemas lógico-lingüísticos, donde no aparece el ser/no ser y, por lo tanto, ninguna determinación ni indeterminación (Preciado, 2018, p. 71).

(*TTC* 25). Como una madre, el Tao da a luz, nutre y sustenta sin pretensión de dominio ni control, basándose en la compasión maternal (*TTC* 67). Así, la cosmogonía taoísta se fundamenta en una concepción maternal.

Esta superioridad de origen se traslada, de manera lógica y poderosa, al ámbito de la estrategia y la eficacia en el mundo fenoménico. Así, en el *TTC* se argumenta de forma persistente que la suavidad y la flexibilidad, características tradicionalmente asociadas a lo femenino y al *yin*, son intrínsecamente más poderosas que la fuerza bruta y la rigidez del *yang*, vinculadas a lo masculino. Esta no es una mera sugerencia, sino una ley de operación del universo (*TTC* 43) que se ejemplifica con el agua y el aire, que no pueden ser vencidos al no oponer ningún tipo de resistencia; el agua, especialmente, se asemeja a la virtud femenina (*TTC* 78).

La verdadera fuerza, por tanto, reside en la capacidad de ceder, adaptarse y persistir con una tenacidad silenciosa, y no en la imposición frontal, tal como el agua, gota a gota, es capaz de perforar la roca. Esta estrategia se aplica incluso a la diplomacia entre Estados (*TTC* 61). Adoptar el papel femenino consiste en ser receptivo, humilde y no amenazante; es la mejor estrategia para ganar la confianza a través de la humildad y la no-amenaza y, en última instancia, ejercer una influencia duradera y conseguir la victoria final.

En consecuencia, el ideal de conducta para el sabio gobernante implica cultivar activamente estas cualidades femeninas. El *TTC* no se limita a describir un principio abstracto, sino que ofrece un camino de cultivo interior en el que ser femenino es una práctica consciente, no pasiva, y disciplinada (*TTC* 10). Ello supone una receptividad mental, una humildad esencial y la renuncia a imponer la propia voluntad sobre los demás. Esta práctica se equipara a la flexibilidad y al no-apego de un bebé, y es la base misma de la no-acción en el gobierno (*TTC* 28). El sabio, como consecuencia, no ignora el elemento *yang* del mundo, como el honor, la fuerza o la acción, sino que elige *residir en* y *actuar desde* el elemento *yin*. Esta elección le permite convertirse en el cauce por el que fluye la armonía natural del Tao y atraer todo hacia sí sin esfuerzo, como un valle en el que de forma natural confluyen las aguas.

Esta exaltación de lo femenino encuentra su expresión última en la valoración del vacío como principio de utilidad. Una cualidad central del Tao es su vacuidad, ilustrada de forma recurrente mediante espacios receptivos con una clara connotación femenina, como puede ser la metáfora de la rueda y la vasija (*TTC* 11). Aunque el texto no menciona explícitamente lo femenino, la imagen del vacío receptivo que confiere utilidad es una extensión directa de las metáforas del útero, del valle o de la puerta del misterio femenino. La función de un recipiente es contener precisamente porque está vacío, la cualidad por excelencia de *yin*. De modo análogo, el sabio debe vaciarse de deseos, prejuicios y conocimientos artificiosos para poder contener y gobernar el reino con eficacia. Su poder emana de su capacidad de ser un canal despejado para que el Tao opere de forma espontánea.

En síntesis, la filosofía del *TTC* eleva lo femenino de un rol secundario o complementario a la expresión más pura y eficaz del poder del Tao. Lo femenino es fundamental y estratégicamente superior por una razón ontológica: es el Origen (la Madre) del que todo surge. Es ontológicamente indestructible, pues la suavidad y la flexibilidad sobreviven y perduran donde la rigidez inevitablemente fracasa. Es la estrategia victoriosa por antonomasia, ya que vence mediante la adaptación y la persistencia, y evita el desgaste del conflicto directo. Y por último, es el modelo de gobernanza ideal, en el que la no-acción no se revela como pasividad, sino como la expresión más elevada de un poder receptivo y maternal, un poder que nutre y sustenta en lugar de dominar y controlar. En un mundo que se desangraba en luchas por el poder *yang*, el *TTC* propuso una contra-filosofía radical basada en la idea de que la verdadera maestría reside en abrazar lo femenino, en conocer el honor, pero conservar la humildad, en ser el valle del mundo. Lejos de ser una simple teoría, esta propuesta era un desafío radical a las bases mismas del poder patriarcal, que presenta la receptividad, la nutrición y la humildad no como debilidades, sino como la forma más profunda y duradera de fuerza en el universo.

Colofón

Las interpretaciones y los análisis que hemos compartido anteriormente son, en esencia, reflexiones personales surgidas del estudio y la lectura del texto en chino clásico. No pretenden ser una verdad única ni un comentario autorizado; son, más bien, un intento de tender un puente entre la obra que se prologa y el lector contemporáneo. Su único valor reside en tratar de ser un estímulo.

La verdadera profundidad no se encuentra en estos comentarios, sino en la fuente original. La lectura del *TTC* posee una riqueza y una capacidad de resonancia personal que ningún análisis secundario puede captar por completo. Es en el diálogo íntimo y sin intermediarios con las palabras de Lao Tse (si es que existió) donde el texto revela sus múltiples capas de significado y donde cada lector puede encontrar su propia verdad.

Por ello, invito cordialmente al lector a que use estas reflexiones meramente como un punto de partida. Que sean la semilla desde la cual pueda emprender su propia exploración, con la mente abierta y el texto clásico como compañero. El objetivo final no es concordar con lo aquí expuesto, sino que, a través de una lectura sosegada, se forjen interpretaciones propias y se descubra la relevancia perdurable de estas enseñanzas en la vida de uno. La auténtica comprensión nace de ese encuentro personal e intransferible con la obra.

Bibliografía

Cheng, A., *Historia del pensamiento chino*, Barcelona, Ediciones Bellaterra, 2002.

Danilova, T., «In the Beginning: Chinese Cosmogonic Myths and Taoist Philosophy», *Path of Science*, vol. 10, n.º 1, pp. 9001-9007, 2024.

Graham, A. C., *Disputers of the Tao*, La Salle, Illinois, Open Court, 1989.

Preciado Idoeta, I., *Lao Tse. El libro del Tao*, Madrid, Alfaguara, 1996.

— *Las enseñanzas de Lao Zi*, Barcelona, Kairós, 2011.

Puett, M., «Forming Spirits for the Way: The Cosmology of the Xiang'er Commentary to the Laozi», *Journal of Chinese Religions*, n.º 32, pp. 1-28, 2004.

— «Becoming Laozi: Cultivating and Visualizing Spirits in Early Medieval China», *Asia Major*, vol. 23, n.º 1, pp. 223-252, 2010.

Schwartz, B. I., *The world of thought in ancient China*, Press of Harvard University, 1985.

Sīmǎ Qiān 「司馬遷」 (94 a. e. c.), *Shiji* 《史記》, Beijing 「北京」, Zhonghua shuju 「中華書局」, 1959.

Tang Han 「唐漢」, *Daodejing xinjie* 《道德經新解》, Beijing 「北京」, Beijing lianche chuban gongsi 「北京聯合出版公司」, 2016.

Zhang Jing 「張景」 y Zhang Songhui 「張松輝」, eds., *Daode-jing*《道德經》, Beijing 「北京」, Zhonghua shuju 「中華書局」, 2021.

DAVID SEVILLANO LÓPEZ

El libro del Tao

1

El Tao que puede discurrirse no es el Tao constante.
El nombrar que asigna nombres fijos no es el nombrar
    constante.

Lo sin nombre determinado
es el comienzo fetal de todo aquello que ocurre,
mientras lo que tiene nombre determinado
es la madre de todo aquello que ocurre.

Por eso, teniendo constantes deseos sin objeto
es como se observa el misterio de todas las cosas,
mientras que teniendo constantes deseos fijos
es como se observa su límite.

Ambos emergen de la misma fuente, pero con diferentes
    nombres.
Juntos son lo oscuro;
oscuridad y más oscuridad
son la puerta a los diversos misterios.

2

Cuando todos en el mundo consideran lo bello como bello,
    hay fealdad.
Cuando todos en el mundo consideran lo virtuoso como
    virtuoso, hay crudeza.

Lo determinado y lo indeterminado se generan mutuamente.
Lo que es difícil y lo que es fácil se complementan mutuamente.
Lo largo y lo corto se forman mutuamente.
El sonido y la voz se armonizan mutuamente.
El antes y el después se siguen mutuamente.

Por tanto, el sabio actúa sin coerción y practica la enseñanza
    de la palabra indeterminada.
En todo lo que ocurre,
el sabio crea,
pero no surge con ello.

Lo que origina no lo determina,
y lo que determina no lo retiene.

Cumple su tarea, pero no se queda con ella.
Es porque no se queda con ella que no se aleja.

3

No promoviendo a los que se considera valiosos
se evitará que la gente caiga en disputas.

No valorando los bienes que son difíciles de obtener
se evitará que la gente se convierta en ladrones.

No mostrando lo que puede desearse
se evitará que la gente viva en un caos interno.

Por tanto, en el gobierno de los sabios
se vacían las mentes,
se llenan los estómagos,
se debilitan las aspiraciones,
se fortalecen los huesos.

Se le enseñará a la gente a saber sin predisposición y a desear
    sin obsesión,
y se contendrá a aquellos que creen saber.

Actuando sin coerción no habrá nada que no esté gobernado.

4

El Tao surge;
al usarse, no se llena de nuevo.

¡Una profundidad abismal! Parece ser el ancestro de todo
lo que ocurre.

Mella los lados afilados,
desata lo atado,
armoniza lo brillante
y une lo disperso.

¡Una profundidad inmensurable! Parece que solo persiste.

No sé de quién es descendiente;
precede a las deidades ancestrales.

5

Los cielos y la tierra no actúan aferrados a la conducta de los que
    son considerados morales.
Todas las cosas que ocurren son tratadas con reverencia
y luego descartadas como si fueran perros de paja.

El sabio no actúa aferrado a una supuesta moralidad.
Todas las personas son tratadas con reverencia
y luego descartadas como si fueran perros de paja.

El espacio entre los cielos y la tierra,
¿no es como la bolsa de aire de un instrumento?

Aunque es vacío, no está exhausto;
al ponerse en movimiento, produce más y más.

Las palabras en demasía son empobrecedoras;
es preferible la conservación de la justa medida.

6

La fuerza vital del valle no fallece,
se la conoce como «el misterio femenino».

A la puerta del misterio femenino
se la conoce como «la raíz de los cielos y la tierra».

Sutil y delicada,
está solo ahí;
produce y no se agota.

Los cielos perduran y la tierra tiene una larga duración.
La razón por la cual perduran y tienen larga duración es debido
    a que no se generan a sí mismos,
por eso viven largo tiempo.

Por tanto, el sabio se aparta
y así está al frente.
Remueve la preocupación en sí mismo
y así permanece.

¿No es debido a que carece de interés en sí mismo que satisface
    su ser?

El mayor bien es como el agua.

El agua beneficia a todo lo que ocurre sin contender,
y habita donde las masas detestan.

De esa manera está más cerca del Tao.

Al habitar, el bien es el lugar.
En la mente, el bien es la profundidad.
Al dar, el bien es como los cielos.
En el habla, el bien es la credibilidad.
Al gobernar, el bien es hacerlo con eficacia.

En el servicio, el bien es la capacidad.
Al actuar, el bien es hacerlo en el momento indicado.

Ya que no hay contienda, nada sobresale.

9

Es mejor desistir
que tratar de sostenerlo de pie y llenarlo hasta el borde.

Si se lo golpea hasta cierto punto,
el filo no durará por mucho.

Cuando el oro y el jade colman los salones,
nadie los puede proteger.

El que sea arrogante debido a la riqueza y el rango
traerá sobre sí calamidades.

Alejarse cuando se logra algo,
ese es el Tao de los cielos.

10

Si nutres el espíritu y acoges la unidad,
¿puedes hacerlo sin que se alejen?

Si concentras la fuerza vital y la haces dócil,
¿puedes hacerlo como un niño recién nacido?

Si purificas y limpias el espejo profundo,
¿puedes hacerlo sin que queden defectos?

Si amas a las personas y gobiernas apropiadamente el Estado,
¿puedes hacerlo sin sabiduría?

Si abres y cierras las puertas de los cielos,
¿puedes hacerlo como lo femenino?

Si extiendes tu intuición por las cuatro direcciones,
¿puedes hacerlo sin sabiduría?

Les da vida y los alimenta.

Les da vida, pero no es su dueño.

Los ayuda a crecer, pero sin ser su señor.

A eso se le llama «la virtud profunda».

11

Los treinta rayos de la rueda convergen en el eje,
pero es por el vacío que el carruaje es útil.

Horneamos la arcilla y hacemos vasijas,
pero es por el vacío que la vasija es útil.

Tallamos puertas y ventanas,
pero es por los espacios vacíos que el cuarto es útil.

Así, poseer algo se considera beneficioso,
pero es el vacío lo que provee utilidad.

12

Los cinco colores hacen que los ojos se cieguen.
Cabalgar y cazar hacen que la mente se vuelva salvaje.

Los bienes que son difíciles de obtener
son un obstáculo para la conducta apropiada.

Los cinco sabores hacen que se confunda el paladar.
Los cinco tonos hacen que los oídos se ensordezcan.

Por tanto, el gobierno del sabio se preocupa por lo interior
    y no por la vista.
Por eso, evitando uno, toma lo otro.

13

Considera el favor y la desgracia con alarma.

Respeta tu ansiedad tanto como a tu propia persona.

¿Qué se quiere decir con «considera el favor y la desgracia con alarma»?

Si un favor es conferido, ganándolo o perdiéndolo debes alarmarte.

¿Qué se quiere decir con «respeta tu ansiedad tanto como a tu propia persona»?

La razón por la cual se sufre de ansiedad es porque tenemos un cuerpo.

Si no tuviéramos cuerpo, ¿cuál ansiedad se tendría?

Por tanto, si alguien se preocupa más de sí mismo
que de la posibilidad de estar a cargo del mundo,
se le debe confiar lo que existe.
Y si alguien no se preocupa de sí, tal como lo hace el mundo,
se le puede poner a cargo de lo que existe.

Lo vemos pero no lo observamos.
A esto lo llamamos «lo elusivo».
Lo oímos pero no lo escuchamos.
A esto lo llamamos «lo rarificado».
Lo tocamos pero no lo podemos sostener.
A esto lo llamamos «lo intangible».

Ya que la vista, el oído y el tacto no pueden ser examinados,
    se unifican.
En tanto a la unidad, ni su superficie es brillante ni su parte
    inferior, oscura.
Sin límite ni forma, no puede dársele un nombre fijo,
y así regresa al estado de la indeterminación.
A esto se le llama «la forma sin forma fija».
La imagen de lo indeterminado.
A esto se le llama «lo sutil e indistinto».
Siguiéndolo, no verás su espalda;
encontrándolo, no verás su cabeza.
Quédate con el Tao del presente,

para así manejar las cosas del presente
y comprender el inicio en el pasado distante.

A esto se lo conoce como «la hebra del Tao».

15

Los que eran hábiles practicando el Tao en la antigüedad
eran sutiles y profundos, misteriosos y penetrantes.
Su profundidad va más allá de la comprensión.

Debido a que van más allá de la comprensión, si tuviera que
describirlos, diría:
dudosos, como el que cruza un río en el invierno;
indecisos, como el que teme a sus vecinos;
solemnes, como un huésped de visita;
complacientes, como el hielo que se derrite;
genuinos, como la madera sin tallar;
turbios, como el agua enlodada;
vastos, como la garganta de un valle.

Cuando el agua enlodada se calma, gradualmente se aclara.
Cuando algo detenido se agita, gradualmente gana vida.
El que preserva el Tao no desea la plenitud.
Por tanto, puede mantenerse oculto e incompleto.

16

Extiende el vacío hasta el límite.
Preserva con tranquilidad el equilibrio.
Todo lo que ocurre surge conjuntamente.
Espero su regreso.

En el Tao de los cielos, las cosas ocurren en grandes números,
pero cada una regresa y retorna a su raíz.
A esto se le llama «equilibrio».

En tanto al equilibrio, es retornar a la continuidad de lo que
  ocurre.
Retornar a la continuidad es ser constante.
Entender lo constante es ser sabio.
No entender lo constante es ser imprudente e insensato.
Si se es imprudente e insensato, las acciones conducen a
  la desgracia.

Entender lo constante es ser incluyente.
Ser incluyente es ser imparcial.

Ser imparcial es ser como un rey.

Ser como un rey es ser como los cielos.

Ser como los cielos es ser como el Tao.

El Tao es lo perdurable;

y si se es como el Tao,

hasta el final de los días se estará fuera de peligro.

Los gobernantes superiores son aquellos cuyos sirvientes solo
saben que existen.
Después vienen aquellos cuyos sirvientes los aman y los elogian.
Después vienen aquellos cuyos sirvientes les temen.
Al final vienen aquellos cuyos sirvientes los ridiculizan e
insultan.

Cuando la credibilidad es insuficiente, no habrá confianza.

Dudosos, indecisos; son precavidos en sus palabras.
Al completarse las obras y finalizar lo que compete,
la gente común dirá: «Fue causa de sí mismo».

Cuando se abandona el gran Tao,
es que se alcanza la supuesta consumación humana y lo justo.

Cuando el conocimiento y la erudición aparecen,
es que aparece una gran hipocresía.

Cuando las seis relaciones no son armónicas,
es que aparece una supuesta piedad filial y compasión.

Cuando el Estado está en caos y confusión,
es entonces que aparecen unos supuestos oficiales apropiados.

Elimina la supuesta erudición,
desecha el supuesto conocimiento,
y las personas se beneficiarán cien veces.

Elimina la supuesta consumación humana,
desecha lo supuestamente justo,
y las personas retornarán a la piedad filial y a la compasión.

Elimina la astucia,
desecha la ganancia personal,
y entonces no habrá ladrones ni atracadores.

Pero estas tres frases, consideradas por sí mismas,
    son incompletas;
por lo que deben ser suplementadas con lo siguiente:

Sé genuino como la seda cruda y simple como la madera
    sin tallar.
Disminuye la preocupación sobre ti mismo y reduce tus deseos.

Elimina la erudición y dejarán de existir las preocupaciones.

El acuerdo caballeroso y el rechazo con rabia, ¿cuál es la
    diferencia entre ellos?
La belleza y la fealdad, ¿cuál es la diferencia entre ellas?

El que les causa temor a las personas temerá de ellas.
¡Indefinido! ¡Nunca las patrañas llegarán a tener un fin!

Las multitudes están libres y pacíficas,
como si se subieran a una terraza durante la primavera
o festejaran en un gran banquete.
Pero solo yo estoy tranquilo y callado.
Aún no he dado ninguna señal,
como un niño que aún no ha sonreído.
Cansado y exhausto,
como si no tuviera lugar donde regresar.

La mayoría tiene excedentes que solo yo no poseo.
La mía es la mente de un tonto, ¡vacía y estúpida!

La gente común ve las cosas claramente.
Solo yo estoy en la oscuridad.
La gente común discrimina y hace distinciones precisas.
Solo yo estoy desconcertado y confundido.

No tengo forma fija, como el océano.
No tengo figura fija, como si no tuviera fin.

La gente común tiene propósito.
Solo yo soy obstinado como lo rústico.
Solo mis deseos difieren de los de otros.
Yo valoro obtener sustento de la madre.

21

La virtud surge al seguir el Tao.

En cuanto al proceso del Tao, no tiene ni figura ni forma fija.

Aunque no tiene figura ni forma, en su interior hay figuras.

Aunque no tiene forma ni figura, en su interior ocurren eventos.

Aunque es oculto y oscuro, en su interior hay concentraciones
de fuerza vital.

La fuerza vital es real, dentro de ella está la prueba.

Desde el pasado hasta el presente, los elogios nunca se han
detenido.

Es así como actuamos en concordancia con el progenitor de
la multitud de las cosas.

¿Cómo sé que el progenitor de la multitud de las cosas es así?

Por esto.

Lo doblado se preserva.
Lo retorcido se levanta.
Lo vacío se llena.
Lo gastado se renueva.

Teniendo poco, estarás satisfecho;
con mucho, estarás confundido.
Por tanto, el sabio sigue lo continuo,
para así convertirse en el pastor del mundo.

No presume y por eso se destaca.
No se muestra frente a otros y por eso brilla.
No alardea sobre sí, por eso recibe reconocimiento.
No elogia sus logros, por eso perdura por largo tiempo.
Debido a que no compite, nadie puede competir con él.
Las palabras antiguas «lo doblado se preservará»
son una expresión que se aproxima mucho a ello.
Así la sinceridad le pertenecerá.

23

Habla rara vez.
Así es lo que se genera a sí mismo.
Los vientos fuertes no duran toda la mañana.
Las lluvias torrenciales no duran todo el día.

¿Qué está detrás de estas cosas?
Si los cielos y la tierra no pueden hacer que perduren,
¿no lo es mucho más para las personas?

Por tanto, el que se dedique al Tao, se combinará con el Tao.
El que se dedique a la virtud, se combinará con la virtud.
Mientras que el que se dedique a perderlos, se combinará con
esa pérdida.
El que se combine con la virtud, hará que el Tao tenga virtud.
Pero el que se combine con la pérdida hará que el Tao también
pierda.

24

El que presume no está establecido.
El que alardea no se hace prominente.
El que se vanagloria no brilla fuertemente.
El que fanfarronea no recibe crédito.
El que se elogia a sí mismo no perdura.

Desde el punto de vista del Tao,
tales cosas son conocidas como indulgencia y superficialidad.
Son despreciables y, cuando se desean, no se pueden obtener.

25

Hay algo que se formó del caos,
que se originó antes de los cielos y la tierra.
Silencioso y vacío,
se genera a sí mismo y no sufre alteración.
Se lo puede considerar como la madre de los cielos y la tierra.

No conozco su nombre.
Si tuviera que referirme a él, lo llamaría «el Tao».
Si se me fuerza a darle un nombre, lo designo como «lo grande».
Ser grande significa transcurrir.
Transcurrir significa distanciarse.
Distanciarse significa retornar.

El Tao es grande, los cielos son grandes,
la tierra es grande y el gobernante es grande.
En los territorios hay cuatro grandes
y el gobernante ocupa un lugar entre ellos.

El ser humano emula a la tierra.

La tierra emula a los cielos.

Los cielos emulan al Tao,

y el Tao emula a lo que se genera a sí mismo.

Lo pesado es la raíz de lo luminoso.
La tranquilidad es el señor de la agitación.

Por tanto, el noble, aun viajando todo el día,
no se aleja de sus carruajes de equipaje.
Cuando está protegido dentro de un hostal,
solo entonces trasciende tales preocupaciones.

¿Cómo puede el gobernante de un gran dominio tratar a su
    propia persona
de una manera más ligera que todo el territorio?
Si considera las cosas de una manera demasiado ligera,
entonces perderá la raíz.
Si está agitado, perderá la nobleza.

El buen viajero no deja huellas tras de sí.
El buen orador habla sin mácula ni error.
El buen contador no usa recuentos o piezas.

El buen cerrador de puertas lo hace sin pestillos ni cerraduras;
aun así la puerta no puede ser abierta.
El buen hacedor de nudos los ata sin cabos ni cuerdas;
aun así sus nudos no pueden ser deshechos.

Por tanto, el sabio es bueno y constante salvando gente.
Nunca rechaza a nadie y, con respecto a la propiedad,
    no rechaza nada.

A esto se lo conoce como la «gran acuidad».
Así, las personas buenas son maestros del bien
y las personas ineptas son el material crudo para el bien.
Cuando no se valoran los maestros ni se aprecian los materiales
    crudos,
aunque se tenga gran erudición, aun así se estará muy confundido.
A esto se lo conoce como «lo esencial» y «lo sublime».

Conoce lo masculino y aférrate a lo femenino,
y sé como el arroyo montañoso de lo que existe.
Cuando eres el arroyo montañoso de lo que existe,
la virtud constante no disminuirá.
Cuando la virtud constante no disminuya,
regresarás al estado de un infante.

Conoce lo puro y aférrate a lo impuro,
y sé el valle de lo que existe.
Cuando seas el valle de lo que existe, tu virtud constante será
    extensa.
Cuando tu virtud constante sea extensa,
regresarás al estado de la madera sin tallar.

Conoce lo claro y aférrate a lo oscuro,
y sé el modelo para el territorio.
Como modelo del territorio, tu virtud constante no disminuirá.
Cuando tu virtud constante no disminuya,
regresarás a la condición que no tiene límite.

Cuando la madera sin tallar es cortada, es convertida en
   recipientes.
Cuando el sabio es utilizado, se convierte en jefe de los oficiales.
En realidad, la mejor talla es hecha sin cortes.

29

Hay quienes quieren dominar el mundo y tratan de hacerlo.
Presagio que simplemente no tendrán éxito.

El mundo es una vasija sagrada,
no es algo que se pueda dominar.
Aquellos que lo dominan, lo destruyen.
Los que se aferran a él, lo pierden.

Con respecto a las cosas, algunas avanzan, otras siguen.
Algunas son calientes, otras sumisas y débiles.
Algunas se acumulan, otras colapsan.

Por tanto, el sabio rechaza el extremo, lo excesivo
    y lo extravagante.

30

Quienes asisten a sus gobernantes con el Tao
no utilizan armas para fortalecerlo sobre todo
    lo que existe.
Tales hechos fácilmente se devuelven.
En los lugares donde los ejércitos están apostados,
    crecen espinas y zarzas.

El buen general se dedica a lograr su cometido,
no utiliza la ocasión para obtener fortaleza para sí mismo.

Logra su resultado sin arrogancia.
Logra su resultado sin alabar sus logros.
Logra su resultado sin presumir de ello.
Logra su resultado, y se acomoda a él, solo porque
    no tiene alternativa.

A esto se lo conoce como «lograr el resultado sin usar
    la fuerza»;
así se crea una situación duradera.

Si las cosas son robustas, pero parecen envejecidas, a esto se lo conoce como «desviarse del Tao».

Lo que se desvía del Tao tendrá un final prematuro.

Las armas son instrumentos de malos presagios.
Son generalmente odiadas, por lo que aun los que desean
    algo no las buscan.
Cuando el noble está en su hogar, honra su izquierda.
Cuando está en guerra, honra su derecha.
Por tanto, las armas no son el instrumento del noble.
Las armas son instrumentos de malos presagios.

Cuando no se tiene alternativa sino usarlas,
es mejor hacerlo con tranquilidad y sin entusiasmo.
No debes nunca admirarlas como objetos bellos;
al hacerlo te estarás deleitando con la muerte de otros.
Y si te deleitas con la muerte de otros,
no comprenderás tu propósito en la existencia.

Por tanto, en eventos auspiciosos se honra la izquierda, pero en
    los funerales se honra la derecha.
Así, el teniente general se coloca a la izquierda y el general
    en la derecha;
lo que significa que se colocan como si asistieran a un funeral.

Cuando una multitud de personas mueren,
colócate frente a ellas con tristeza y dolor.
Cuando seas victorioso en la batalla,
trata la ocasión como un funeral.

32

El Tao es constante y sin nombre fijo.

Aunque en su estado natural parece inconsecuente,

nadie pretendería tratarlo como insignificante.

Si los marqueses y los reyes pudieran mantenerlo,

todo lo que existe se sometería a ellos por sí mismos.

Los cielos y la tierra se unirán para emitir un dulce rocío.

Por naturaleza caerá igualmente sobre todas las cosas,

sin que nadie lo ordene.

Tan pronto se comienza a regular lo que existe, se tendrán
    nombres.

Tan pronto como se tienen nombres,

también se ha de saber cuándo es tiempo de detenerse.

Al saber cuándo detenerse, no se sufrirá daño.

La presencia del Tao en el mundo puede ser comparada con la
    presencia del agua de los pequeños valles en los ríos y los
    océanos.

Entender a otros significa tener sabiduría.
Entenderse a uno mismo significa tener acuidad.

Conquistar a otros significa tener poder.
Conquistarse a uno mismo significa tener fortaleza.

Entender cuándo se tiene suficiente significa tener prosperidad.
Avanzar con convicción significa tener propósito.

No perder la posición significa perdurar.
Morir y no ser olvidado significa tener una vida verdaderamente
   longeva.

34

El Tao flota y va a la deriva.
Puede dirigirse en cualquier dirección.
Logra su cometido y completa sus asuntos,
y aun así no se le asigna un nombre fijo.

Todo lo que existe le confía su vida,
y aun así no actúa como su maestro.
Por ello está constantemente sin deseo fijo.

Puede ser considerado entre las cosas que son pequeñas.
Todo lo que existe le confía su vida,
y aun así no actúa como su maestro.

Puede ser considerado entre las cosas que son grandiosas.
Por tanto, la habilidad del sabio de lograr lo grandioso
proviene de no engrandecerse.

Así es capaz de lograr lo grandioso.

35

Mantén la gran imagen y el mundo vendrá a ti.
Viniendo a ti, no sufrirás daño.
Más bien conocerás gran seguridad y paz.

Los viajeros se detienen por música y comida.
Pero del Tao del que hablamos
se dice que es insípido y carece de sabor definido.

Cuando lo observas no puede ser visto.
Cuando lo escuchas no puede ser oído.
Cuando lo usas no puede ser utilizado.

36

Lo que se ha de reunir ha de ser esparcido.
Lo que se ha de debilitar ha de ser fortalecido.
Lo que se ha de abolir ha de ser establecido.
Lo que se ha de despojar ha de ser proporcionado.

A esto se lo conoce como «la luz sutil».
Lo sumiso y lo débil vencen a lo rígido y lo fuerte.

Los peces no deben retirarse del fondo de las aguas.
Las armas afiladas del Estado no deben serle exhibidas al pueblo.

El Tao es constante y sin nombre fijo.

Si los marqueses y los reyes fuesen capaces de mantenerlo,
todo lo que existe se transformaría por sí mismo.

Si al transformarse se activan los deseos,
los contendría con la simplicidad sin nombre fijo.

Al contenerlos con la simplicidad sin nombre fijo,
se abandonarán los deseos fijos.

Al no desear, se logrará el equilibrio;
así los cielos y la tierra se ordenarán por sí mismos.

El libro de la virtud

Los que poseen gran virtud no se esfuerzan en ser virtuosos;
por tanto tienen verdadera virtud.
Los de menos virtud nunca pierden de vista su virtud;
por tanto no tienen verdadera virtud.

La verdadera virtud no actúa con coerción, pero no tiene motivo
para actuar de esa manera.
Las personas más rectas actúan con coerción, pero no tienen
motivo para actuar de esa manera.
Con los rituales se actúa con coerción, y cuando nadie responde
a ello, entonces se remangan con rabia y fuerzan a las
personas a obedecer.

Por tanto, solo cuando se haya perdido de vista el Tao es que se
tendrá virtud.
Solo cuando se haya perdido de vista la virtud se tendrá nobleza.
Solo cuando se haya perdido la nobleza se tendrá rectitud.
Solo cuando se haya perdido la rectitud se tendrán los ritos.

En tanto a los ritos, no son sino una línea delgada que separa la
   lealtad y la sinceridad del inicio del caos.
La «clarividencia» es el adorno del Tao y el inicio de la estupidez.

Por tanto, la gran persona habita en lo grueso y no en lo
   delgado;
habita en la fruta y no en la flor.
Así, rechazando eso, toma esto.

Entre aquellos que en el pasado obtuvieron unidad:
los cielos, al alcanzar unidad se aclararon;
la tierra, al alcanzar unidad se estabilizó;
las deidades, al alcanzar unidad se divinizaron;
los valles, al alcanzar unidad se colmaron;
los marqueses y los reyes, al alcanzar unidad ordenaron
    y aseguraron todo lo que existe.

Esto conduce a lo siguiente:
si los cielos no estuviesen claros, se desharían;
si la tierra no fuera estable, colapsaría;
si las deidades no fuesen divinas, no tendrían poder;
si los valles no estuviesen colmados, se secarían;
si los marqueses y reyes no crearan orden, fallarían y serían
    derrocados.

Por tanto, para que algo sea noble debe tener lo humilde como
    su raíz,
y para que algo sea alto debe tener lo bajo como su fundamento.

Así, por ello, los marqueses y los reyes se llaman a sí mismos
«solitarios», «desolados» y «desgraciados».

Esto es un ejemplo de alguien que tiene lo humilde como la raíz,
¿no es así?
Por tanto, consideran como la mayor reputación no tener
ninguna.
Debido a ello, no desean deslumbrar y relucir como el jade,
sino mantenerse firmes y fuertes como las rocas.

40

El movimiento del Tao es el regreso.

La función del Tao es la debilidad.

Todo lo que existe se origina en la determinación
y la determinación se origina en la indeterminación.

41

Cuando las personas más estudiosas escuchan sobre el Tao,
apenas son capaces de mantenerse en su centro.
Cuando las personas comunes escuchan sobre el Tao,
retienen algunas cosas y abandonan otras.
Cuando las personas más bajas escuchan sobre el Tao,
se ríen a carcajadas sobre ello.
Si no se rieran, no se lo podría considerar el Tao.

Por ello, el libro de los dichos manifiesta:
«El Tao brillante aparece oscuro.
El Tao que avanza parece retroceder.
La suavidad del Tao parece desigual.
La virtud más alta parece profunda como un valle.
El blanco más puro parece terroso.
La virtud más vasta parece insuficiente.
La virtud firme parece delicada y débil.
La materia simple parece cambiar».
El gran cuadrado no tiene esquinas.
El gran recipiente lleva tiempo colmarlo.

El gran sonido es apenas audible.
La gran imagen no tiene forma fija.

El Tao es tan vasto que no tiene nombre fijo.
Solo el Tao es eficaz originando las cosas y llevándolas a su
término.

El Tao le da origen a la continuidad.
La continuidad le da origen a la dualidad.
La dualidad le da origen a la tríada.
La tríada le da origen a todo lo que existe.

Todo lo que existe lleva el *yin* a sus espaldas y el *yang* en sus
    brazos.
A través de la mezcla de la energía vital alcanza un estado de
    armonía.

No hay nada que no sea tan odiado por todos como ser una
    persona solitaria, desolada y desgraciada.
Sin embargo, los reyes y duques toman esos términos como sus
    nombres.

Así, con todas las cosas, algunas se incrementan al quitárselas,
mientras que otras se disminuyen al agregárselas.
En tanto a aquello que otros enseñan,
primero lo considero y luego se lo enseño a otros.

Así, «el fuerte y violento no llega a un fin natural».

Tomaré esto como el padre de mis estudios.

43

Lo más suave y flexible en el mundo
domina sin miramientos lo más firme del mundo.

Solo lo que no tiene sustancia
penetra aquello que no tiene ni espacios ni grietas.

Por tanto, hay beneficio cuando se actúa sin coerción.
Pocos en el mundo se dan cuenta de ello.

44

Entre la fama y la salud, ¿cuál es más importante?
Entre la salud y las posesiones, ¿qué es lo más valioso?
Entre la ganancia y la pérdida, ¿en cuál hay más daño?

Si tus deseos son grandes, estás destinado a ser extravagante.
Si guardas muchas cosas, estás destinado a perder mucho.

Por tanto, si conoces la felicidad, no caerás en desgracia.
Si sabes cuándo detenerte, no sufrirás daño.
Esta es la manera de alcanzar la longevidad.

La gran plenitud parece incompleta.
Sin embargo, su uso nunca se agota.

La gran totalidad parece vacía.
Sin embargo, su utilidad no termina.

Una gran rectitud parece doblada.
Una gran habilidad parece torpe.
Una gran elocuencia parece tartamudear.

La actividad supera al frío.
La tranquilidad supera al calor.
La pureza y la tranquilidad pueden traerle orden al mundo.

Cuando el Tao prevalece en el mundo,
los caballos más finos son utilizados para fertilizar los campos.
Cuando el mundo carece del Tao,
los caballos de guerra son criados cerca de las murallas de
la ciudad.

En tanto a los crímenes, ninguno es mayor que la avaricia.
En tanto a los desastres, ninguno es mayor que no saber cuándo
se tiene lo suficiente.
En tanto a los defectos, ninguno trae más pena que ser
insaciable.
Por tanto, saber que se tiene lo suficiente da una satisfacción
perdurable.

No hay necesidad de aventurarse más allá de la puerta
para conocer todo lo que existe.

No hay necesidad de asomarse a la ventana
para conocer el Tao de los cielos.

Cuanto más te alejas,
menos sabes.

Por tanto, el sabio sabe sin ir,
nombra sin ver
y completa sin actuar con coerción.

48

En el estudio hay un incremento diario.
En el aprendizaje del Tao hay una disminución diaria.

Se disminuye y disminuye hasta que se llega al punto donde
    se actúa sin coerción.
Se actúa sin coerción y aun así nada queda sin hacer.

Cuando alguien quiere tomar control del mundo, no debe
    interferir en las cosas.
Si interfiere en las cosas, será indigno de tomar control sobre
    el mundo.

49

El sabio no tiene una mente fija.
Toma la mente de las personas comunes como su propia mente.

Considera eficaces a aquellos que son eficaces.
Considera también eficaces a aquellos que no son eficaces.
Así, logra ser eficaz.

Confía en aquellos que son confiables.
Confía también en aquellos que no son confiables.
Así, logra su confianza.

En tanto a la presencia del sabio en el mundo, está en
    continuidad con él.
Con respecto al mundo, une su mente con él.
La gente común fija su vista y oídos en él,
y el sabio los trata como niños.

50

En el ciclo de la vida y la muerte,
un tercio son los compañeros de la vida;
un tercio son los compañeros de la muerte;
y otro tercio son los que se preocupan tanto por vivir que en
    todas sus acciones se mueven hacia el reino de la muerte.

Ahora bien, ¿por qué es así?
Debido a que se preocupan tanto por vivir.

Sin duda has escuchado de aquellos que son buenos apegándose
    a la vida.
Cuando caminan a través de las colinas, no evitan a los
    rinocerontes ni a los tigres.
Cuando se dirigen a la batalla, no usan armaduras ni escudos.
El rinoceronte no tiene donde atacar con su cuerno.
El tigre no tiene donde clavar sus garras, y las armas no tienen
    lugar para sus filos.

Ahora bien, ¿por qué es así?
Debido a que no hay lugar en ellos para la muerte.

51

El Tao los origina y su virtud los nutre.
Los eventos los configuran y su capacidad única los completa.
Por tanto, todo lo que existe venera el Tao y honra la virtud.

En tanto a la veneración del Tao y la honra de la virtud,
nadie los recompensa por ello, porque ocurre espontáneamente
    y por sí mismo.

El Tao los origina, los nutre, los madura, los completa, los
    descansa, los cría, los apoya y los protege.

Les da origen pero no trata de adueñarse de ellos.
Los asiste, pero no los hace dependientes.
Los nutre, pero no gobierna sobre ellos.
A esto se le llama «la virtud profunda».

52

El mundo tiene un inicio; puede ser considerado la madre del
mundo.
Alcanzando la madre, se entenderá a la progenie.
Regresando y cerniéndose sobre la madre, no se sufrirá hasta
el final de los días.

Bloquea las aberturas.
Cierra las puertas
y hasta el fin de los días tu energía vital no se desgastará.

Abre las aberturas.
Inmiscúyete en asuntos
y hasta el final de los días no te salvarás.

A percibir lo pequeño se lo conoce como «discernimiento».
A cernirse sobre lo maleable se lo conoce como «lo fuerte».
Tomando en cuenta el brillo que muestran las cosas,
retorna a tu discernimiento y no abandonarás tu vida al peligro.
A esto se lo conoce como «seguir lo constante».

53

Si tuviera un ínfimo conocimiento, al caminar el gran Tao
solo temería perderme.

El gran Tao es plano y nivelado, pero las personas se deleitan
usando recorridos tortuosos.

Las cortes están limpias, mientras que los campos están llenos
de maleza
y los graneros están todos vacíos.

Sus ropajes están llenos de bordados y colores, mientras que en
sus cinturas cargan espadas afiladas.

Se atiborran de comida y están llenos de posesiones y bienes.
¡A esto se lo conoce como «hurto»!
El hurto no debe ser confundido con el Tao.

54

Lo que se planta firmemente no puede ser arrancado.
Lo que se abraza firmemente no puede escaparse.
De esa manera los hijos y los nietos continuarán los rituales,
y los sacrificios otoñales no se interrumpirán.

Al cultivarla en tu persona, tu virtud será genuina.
Al cultivarla en tu familia, tu virtud será abundante.
Al cultivarla en tu poblado, tu virtud será duradera.
Al cultivarla en tu Estado, tu virtud será floreciente;
y al cultivarla por todas partes, tu virtud será difundida por
    doquier.

Utiliza lo individual para examinar lo individual.
Utiliza la familia para examinar la familia.
Utiliza el poblado para examinar el poblado.
Utiliza el Estado para examinar el Estado
y utiliza el mundo para examinar el mundo.
¿Cómo sé que el mundo es así?
Por ello.

55

Aquel cuya virtud sea sustancial puede compararse con un
    recién nacido.

Las avispas, las serpientes y los escorpiones no lo lastiman.
Las aves de presa y las bestias furiosas no lo capturan.
Sus huesos y músculos son suaves y flexibles, pero su agarre es
    firme.

No conoce el encuentro entre lo masculino y lo femenino,
pero se excita.
Tal es la talla de su esencia vital.
Puede gritar todo el día y no ser rudo.
Tal es la talla de su armonía.

A comprender la armonía se lo conoce como «lo constante».
A comprender lo constante se lo conoce como «tener acuidad».
Por otro lado, a agregarle a la vida se lo conoce como «un mal
    presagio».
A usar la energía vital con la mente se lo conoce como «forzar las
    cosas».

Cuando las cosas alcanzan su cúspide, empiezan a envejecer;
a esto se lo conoce como «no seguir el Tao».

Lo que no sigue el Tao tendrá un fin temprano.

56

Aquellos que saben no hablan de ello.
Aquellos que hablan no saben de ello.

Bloquea sus aberturas, cierra sus puertas,
reduce el brillo, calma el polvo,
reduce el filo, desata los nudos.
A esto se lo conoce como «la consonancia profunda».

Por tanto, no hay manera de estar en su intimidad.
No hay manera de evitarlo.
No hay manera de sacarle beneficio.
No hay manera de dañarlo.
No hay manera de ennoblecerlo.
No hay manera de degradarlo.
Por ello, es lo más noble que existe.

Utiliza la rectificación para ordenar el Estado apropiadamente.
Utiliza las tácticas sorpresivas cuando despliegues las tropas.
No interfieras sobre lo que ocurre para dominar lo que existe.

¿Cómo sé que es así?

Cuantas más prohibiciones haya,
más pobres serán las personas.
Cuantas más armas afiladas se tengan,
más desordenados estarán los Estados.
Cuanto más conocimiento y habilidades se tengan,
más proliferarán las perversidades.
Cuanto más prominentes sean los asuntos legales,
más ladrones habrá.

Por tanto, el sabio dice:
«No actúo con coerción y las personas se transforman por sí
    mismas.
Amo la tranquilidad y las personas se rectifican por sí mismas.

No interfiero en lo que ocurre y las personas prosperan por sí
    mismas.

Deseo no tener deseos fijos y las personas, por sí mismas, son
    como la madera sin tallar».

Cuando el gobierno está desordenado y confuso,
las personas son genuinas y sinceras.

Cuando el gobierno distingue y clarifica,
las personas son deficientes.

La fortuna se apoya en el desastre,
y detrás de la buena fortuna se oculta el desastre.

¿Quién sabe dónde terminará todo esto?

Ya que no existe un bien fijo,
lo recto se convierte en tortuoso
y el bien se convierte en mal.

Es el estado de confusión de la gente, el cual ciertamente ha
    existido por mucho tiempo.
Por tanto, sé cuadrado, pero no cortes.
Sé afilado, pero no hieras.

Sé directo, pero no irrestricto.

Sé brillante, pero no deslumbres.

59

Para gobernar a la humanidad y servirle a los cielos, no hay nada
que supere el ser frugal.

Solo al ser frugal se puede aceptar con premura el Tao.

Cuando se acepta con premura el Tao, se acumula la virtud
repetidamente.

Si se acumula la virtud repetidamente, entonces no habrá
obstáculo que no pueda superarse.

Cuando no haya obstáculo que no pueda superarse, entonces
nadie sabrá dónde queda tu límite.

Cuando nadie sabe dónde queda tu límite, se puede poseer el
Estado.

Y cuando se posee la madre del Estado, se puede perdurar por
un largo tiempo.

A esto se le llama «tener raíces profundas y una base firme».

Es el Tao de la vida longeva y de la visión duradera.

60

Gobernar un gran Estado es como cocinar peces pequeños.

Cuando se usa el Tao para gobernar todo lo que existe,
los espíritus malignos no tienen poder.

En realidad, no es que los espíritus malignos no tengan poder,
es que su poder no les hará daño a los hombres.
Pero no es solo que no dañarán a los hombres,
sino que el sabio tampoco los dañará.

Ya que los espíritus malignos y los sabios no dañarán a otros,
entonces sus virtudes se entremezclarán y regresarán a su lugar.

Un gran Estado es como la parte baja de un río;
es lo femenino de lo que existe.

En el encuentro de todo lo que existe,
lo femenino se sobrepone a lo masculino a través de su
    equilibrio.
Debido a que es equilibrado, se coloca apropiadamente por
    debajo.

Así, si un gran Estado está por debajo de uno pequeño,
entonces podrá conquistarlo.
Si un Estado pequeño está por debajo de uno grande,
entonces podrá ser conquistado.
Por tanto, algunos, al estar por debajo, conquistan,
y otros, al estar por debajo, son conquistados.
Por tanto, el gran Estado desea unificar y nutrir a otros,
mientras que el Estado pequeño desea ofrecer y servir a otros.
Para que ambos reciban lo que desean, entonces el gran Estado
    debe colocarse apropiadamente por debajo.

62

El Tao es el fluir de todas las cosas.
Es el tesoro de la persona capaz y lo que ampara al incpto.

Las palabras bellas pueden ser utilizadas en negociaciones.
El comportamiento formal puede ser utilizado para exaltar a una
     persona.
¿Por qué hemos de rechazar a las personas ineptas?

Cuando el hijo de los cielos [el Emperador] es coronado, o los
     tres ministros instalados, aunque los saludes con discos de
     jade precedidos por cuadrillas de caballos, nunca será tan
     bueno como presentarles el tributo del Tao.

¿Cuál es la razón por la cual los antiguos valoraron el Tao?
¿No se dice que aquellos que sigan el Tao obtendrán lo que
     buscan y los que cometan ofensas escaparán de los castigos?
Por ello, es lo más valioso que existe.

63

Actúa sin coerción.
Interfiere sin interferir.
Saborea lo insípido.

Considera lo pequeño como grande y lo poco como mucho.
Retribuye la confrontación con virtud.

Planea lo difícil mientras es fácil.
Actúa sobre lo grande mientras es diminuto.

Las cosas más difíciles del mundo se inician como cosas que eran
   fáciles.
Las cosas más grandes del mundo crecieron de lo diminuto.

Por tanto, el sabio no trata de hacer cosas grandiosas sino hasta
   el final,
y como resultado es capaz de alcanzar cosas grandiosas.
Aquellos que hacen acuerdos a la ligera recibirán confianza
   de pocos,

y aquellos que consideran que todas las cosas son fáciles
necesariamente terminarán con grandes dificultades.

Por tanto, aun el sabio considera las cosas como difíciles,
y como resultado, no tiene dificultad.

64

Es fácil sostener aquello que es estable.
Es fácil planear una situación que no ha ocurrido.
Lo quebradizo se desmenuza con facilidad.
Lo que empieza se dispersa con facilidad.
Actúa sobre una situación antes de que ocurra;
dale orden antes de que se vuelva caótica.

Aun un árbol, ancho como el abrazo de una persona, empieza
    como un pequeño brote; una terraza de nueve pisos empieza
    como una cesta de barro y
un lugar de gran altura empieza en la tierra que está bajo los
    pies.

Los que actúan con coerción se arruinan; los que tratan de
    controlar, pierden.
Por tanto, el sabio no actúa con coerción, y como resultado no
    arruina las cosas; no trata de controlar, y como resultado
    no pierde las cosas.

En tanto a la manera en que las personas conducen sus asuntos,
con frecuencia los arruinan cuando están llegando justo al
punto de completarlos.
Por tanto, se dice: «Si se es tan cuidadoso al final como se fue
al principio, no se fallará».

Así, el sabio desea sin deseos fijos y no valora bienes que son
difíciles de obtener.
Aprende a no conocer con obsesión y retorna a lo que las masas
dejan de lado.
Aunque puede ayudar a que todo siga su curso natural,
no piensa en hacerlo.

65

Aquellos que practicaban el Tao en la antigüedad no lo usaban
para iluminar a las personas; de hecho, las convertían en
tontos.

Ahora bien, la razón por la cual las personas son difíciles de
gobernar es por lo que saben.
Como resultado, usar conocimiento inútil para gobernar
el Estado es robarle al Estado.
Usar la falta de conocimiento para gobernar el Estado es ser
amable con el Estado.

El que entiende estos usos con constancia también comprende
el principio.
El que entiende el principio con constancia posee virtud
profunda.

La virtud profunda es recóndita y vasta y, junto con las cosas,
regresa.
Por tanto, así se llega a la gran concordancia.

La razón por la cual los ríos y los océanos son los señores de los
cien valles es porque saben cómo estar por debajo de ellos.
Por ello son capaces de ser los señores de los cien valles.

Por tanto, cuando el sabio desea estar por encima de las
personas,
debe hablarles estando por debajo de ellas.
Cuando desea estar frente a las personas, debe colocarse detrás
de ellas.

Aunque habita por encima de ellas, las personas no piensan que
es una carga;
y aunque habita detrás de ellas, las personas no lo ven como una
amenaza.

Todo el mundo se deleita al elogiarlo y nunca se cansan de
hacerlo.
Debido a que no es contencioso, nadie puede contender con
el sabio.

Lo que existe me conoce como grandioso;
grandioso, pero no soy como ninguna otra cosa.
Es precisamente porque no soy como ninguna otra cosa que
    puedo ser grandioso.
Si fuese como cualquier otra cosa,
por mucho tiempo hubiese sido insignificante y pequeño.

Poseo tres tesoros que mantengo y valoro.
El primero es la compasión,
el segundo es la frugalidad,
y el tercero es que no presumo de estar al frente del mundo.

Ahora bien, es porque tengo compasión que puedo ser valiente;
es porque soy frugal que puedo ser magnánimo;
y como no presumo de estar al frente del mundo, puedo ser
    líder.
Si abandono la compasión y a la vez trato de ser valiente;
    si abandono la frugalidad y trato de ser magnánimo;
    si abandono el estar detrás y trato de estar adelante, entonces
    pereceré.

Si ataco con compasión, entonces ganaré; si defiendo, entonces estaré firme. Cuando los cielos lo establecen, es como si estuviera protegido por una muralla de compasión.

El que es un buen estudioso no es combativo.

El que es buen guerrero no es agresivo.

El que es bueno venciendo al enemigo no lo enfrenta.

El que es bueno utilizando a las personas se coloca por debajo de
ellas.

A esto se lo conoce como «la virtud no contenciosa».

A esto se lo conoce como «utilizar a otros correctamente».

A esto se lo conoce como «igualar los cielos y la cúspide del
pasado».

Hay un dicho sobre el uso de las armas:
«No presumo de actuar como un anfitrión;
por el contrario, trato de hacer el papel del visitante.
No avanzo, sino más bien retrocedo».

A esto se lo conoce como «avanzar sin hacerlo,
atacar sin usar los brazos,
agarrar fuertemente sin sostener un arma,
y lanzar un ataque sin confrontar al oponente».

No hay mayor calamidad que subestimar al rival;
subestimar al rival es equivalente a perder los tesoros.

Por tanto, cuando las armas se levantan y los oponentes son
    igualados,
entonces, el que se sienta afligido será el que ganará.

Mis palabras son fáciles de comprender
y fáciles de poner en práctica.

Pero nadie en el mundo puede comprenderlas
y nadie puede ponerlas en práctica.

Las palabras tienen un linaje y los hechos tienen un señor.

No tienen conocimiento sin principios fijos, por ello no pueden
entenderme.

Pero si los que me entienden son pocos, entonces tengo un gran
valor.
Por tanto, el sabio usa ropas ordinarias de lana,
pero por dentro sostiene jade.

Saber que no se sabe es el nivel más alto.
No saber lo que se sabe es una enfermedad.

Así, el sabio no sufre de enfermedad alguna,
ya que reconoce la enfermedad como enfermedad.
Por tanto, no sufre de ella.

Cuando las personas no respetan a los que están en el poder,
entonces llegará otro poder mayor.

No reduzcas los lugares donde viven.
No oprimas sus medios de supervivencia.

Es debido a que no los oprimes
que no estarán hastiados.

Por tanto, el sabio se conoce a sí mismo, pero no se exhibe.
Se estima a sí mismo, pero no se valora.
Por esa razón, rechaza esto y toma aquello.

Si eres valiente pero temerario, morirás.
Si eres valiente pero no imprudente, vivirás.
En relación con estas dos cosas, en una hay beneficio y en la
otra, daño.

Hay cosas que son odiadas por los cielos, ¿quién sabe por qué?

El Tao de los cielos consiste en ganar la batalla sin luchar,
en saber responder con habilidad sin hablar,
en venir sin ser convocado,
en planear con habilidad sin rigidez.

La red de los cielos es amplia y vasta;
su malla puede que sea burda, pero nada pasa a través de ella.

74

Si las personas fueran constantes y no le temieran a la muerte,
¿cómo se podrían usar las ejecuciones para intimidarlas?

Si las personas fueran constantes y le temieran a la muerte,
y apresáramos a aquellos que no se comportan según las normas
    y los ejecutáramos, ¿quién se atrevería a transgredir?

Si las personas son constantes y le temen a la muerte,
entonces siempre se tendrá a alguien a cargo de las ejecuciones.

Ahora bien, ejecutar a las personas tomando el lugar del verdugo
es como cortar la madera tomando el lugar del carpintero.

Muy pocos, entre aquellos que cortan la madera tomando el
    lugar del carpintero, no se hacen daño en las manos.

La razón por la cual las personas padecen hambre es porque se le
    aplican demasiados impuestos al grano.
Por tanto, padecen hambre.

La razón por la cual las personas no son gobernadas
    apropiadamente es porque los superiores actúan con
    coerción.
Por tanto, no son gobernadas apropiadamente.

La razón por la que las personas se toman la muerte con ligereza
    es porque buscan ávidamente la vida.
Por tanto, se toman la muerte con ligereza.

Solo aquellos que no actúan con obsesión sobre la vida son
    superiores a los que atesoran la vida.

Cuando las personas nacen, son flexibles y suaves;
al morir, son firmes y rígidas.

Cuando los árboles y los pastizales nacen, son flexibles y suaves;
al morir, están marchitos y secos.

Por tanto, se dice que lo firme y lo rígido son compañeros de la
　　muerte;
mientras que lo flexible, lo suave, lo débil y lo delicado son
　　compañeros de la vida.

Si un soldado es rígido, no será victorioso;
si un árbol es rígido, llegará a su fin.

La rigidez y lo extenso ocupan posiciones inferiores;
la suavidad y la debilidad ocupan posiciones superiores.

77

El Tao de los cielos es como el arquero y su arco.

Para alcanzar lo alto extiende hacia abajo;
para alcanzar lo bajo extiende hacia arriba.

Cuando hay exceso, le quita;
cuando hay deficiencia, le agrega.

Por tanto, el Tao de los cielos reduce lo excesivo e incrementa lo
    insuficiente.
El Tao de las personas, por el contrario, reduce lo insuficiente
    e incrementa lo excesivo.

Ahora bien, ¿quién tiene en exceso y lo utiliza para ofrecérselo
    a los cielos?
Claramente, solo el que posee el Tao.

Por tanto, el sabio actúa, pero no posee;
logra su cometido, pero no habita en él,
de manera tal que es su deseo no mostrar lo que vale.

En todo lo que existe, nada es más suave y más débil que el agua.
Pero para atacar lo duro y lo fuerte, no hay nada que la
     sobrepase
porque no hay nada que se pueda usar para reemplazarla.

Lo suave prevalece sobre lo inflexible,
lo débil prevalece sobre lo fuerte.

No hay nadie en el mundo que no lo sepa,
pero no hay nadie en el mundo que lo sepa llevar a la práctica.

Por ello, el sabio dice:
«Asumir las desgracias del Estado,
a esto se lo conoce como ser el señor de los altares de la tierra y
     el grano.
Asumir la responsabilidad por los eventos de mal presagio en el
     Estado,
a esto se le llama ser el rey del mundo».

Las palabras correctas parecen tener un significado opuesto.

Aunque se cree armonía donde ha habido gran resentimiento,
este quedará en exceso.

¿Cómo puede ser esto considerado bueno?

Por tánto, el sabio hace el cálculo correcto,
pero no hace demandas a otros.

Por esta razón, los que tienen virtud están a cargo del cálculo
y aquellos sin virtud están a cargo de los impuestos.

El Tao de los cielos no tiene parcialidad,
permanece con la persona correcta.

Haz que el Estado sea pequeño y las personas, pocas.

Aunque haya armas suficientes para decenas y centenas,
no las utilices.

Haz que las personas consideren la muerte con profundidad
y que pongan las migraciones fuera de sus consideraciones.

Aunque se tengan botes y carruajes, que no haya razón para
    utilizarlos;
aunque se tengan armaduras y lanzas, que no haya razón
    para mostrarlas.

Haz que las personas vuelvan a llevar registros anudando
    cuerdas,
que se deleiten con sus alimentos,
que consideren sus ropas hermosas,
que disfruten de la cultura
y que se sientan seguros en sus hogares.

Aunque los estados vecinos estén a plena vista,
y los sonidos provenientes de gallinas y perros puedan ser
escuchados por su cercanía, tus pobladores llegarán a tener
avanzada edad y morirán sin tener que mudarse
constantemente.

81

Las palabras sinceras no son ornamentadas;
las palabras ornamentadas no son sinceras.

Los que saben no son conocedores;
los conocedores no saben.

Los buenos no tienen muchas posesiones;
aquellos con muchas posesiones no son buenos.

El sabio no acumula nada;
pero cuanto más actúa para otros,
más ha ganado para sí mismo;
y cuanto más le da a otros,
más se ha dado a sí mismo.

Por lo tanto, el Tao de los cielos es beneficiar y no causar daño.

El Tao de las personas es actuar sin contienda.